MÉMOIRE

A l'appui des Observations présentées par les Communes de la **BANLIEUE DE PARIS**, sur le Projet de loi relatif aux Fortifications de la Capitale.

MÉMOIRE

A l'appui des Observations présentées par les Communes de la Banlieue de Paris, sur le Projet de loi relatif aux Fortifications de la Capitale.

Le projet de loi sur les fortifications de Paris tend à assurer l'indépendance nationale et la légitime influence qu'il appartient à la France d'exercer en Europe. En nous préservant des dangers d'une invasion rapide, il nous rendra plus redoutables dans la guerre; et par cela même, il ajoutera aux chances que nous avons de conserver honorablement la paix. Sous cet aspect, les propriétaires et habitants de la banlieue ont applaudi au projet; mais ce sentiment patriotique n'a pu détourner leur attention du préjudice énorme que l'exécution de ce projet pourrait leur occasionner soit directement, soit indirectement, s'ils n'en étaient garantis par le vote des Chambres et par les principes qui seront proclamés et reconnus dans la discussion.

Trois causes d'appréhension se sont présentées à l'esprit des habitants de la banlieue, comme pouvant s'attacher à leurs propriétés et en diminuer la valeur dans une proportion effrayante.

1° Le changement possible des limites de l'octroi de Paris;

2° L'incertitude que le projet laisse sur l'étendue de la zône des servitudes militaires;

3° Le silence gardé par le ministre dans l'exposé des motifs sur l'indemnité à laquelle doivent donner lieu ces servitudes.

Déjà les éventualités menaçantes qui résultent de cet état des choses ont affecté de la manière la plus fâcheuse la valeur, tant locative que vénale, des immeubles qu'elles concernent. En face de l'avenir qui s'offre à leurs regards, les populations se sont émues; mais leurs alarmes, quelles qu'elles fussent, n'ont pu les faire sortir des habitudes de légalité, d'amour de l'ordre et de dévoûment à la chose publique, dont les habitants de la banlieue ont offert des gages, qu'il ne leur est pas interdit de rappeler ici. Pleins de confiance dans leurs organes municipaux, pour présenter leurs réclamations, et dans les hauts pouvoirs de l'État, pour y faire droit, ils attendent, non sans anxiété, mais avec le calme qui convient à de bons citoyens, un résultat tellement important pour eux, qu'ils se croient fondés à solliciter toute l'attention, toute la sollicitude et tout l'intérêt des deux Chambres.

Les Conseils municipaux des communes de Passy, d'Auteuil, de Saint-Mandé, de Bercy, d'Ivry, de Montrouge, Batignolles, St-Mandé, La Villette, Montmartre et Gentilly, dont les populations réunies s'élèvent à plus de 100,000 habitants, ont, dans leur session de novembre, exprimé leurs vœux relativement aux causes de dommage ci-dessus énoncées.

Le présent mémoire a pour objet de développer les moyens et les considérations qui viennent à l'appui des délibérations de ces conseils.

§ Ier.

De l'Octroi.

L'effet naturel de l'Octroi est de créer autour des grandes villes des établissements qui ne s'y seraient pas formés si cet impôt n'avait pas existé. Sans parler des débitants de boissons (qui cependant méritent certainement la protection du pouvoir législatif et du gouvernement), beaucoup d'établissements industriels d'une haute importance se sont formés et se forment chaque jour à l'extérieur, mais à une distance très rapprochée de ces villes, parce que d'une part, ceux qui les exploitent ont besoin d'être à portée des consommateurs et d'une nombreuse population d'ouvriers, et que d'autre part le genre d'exploitation auquel ils se livrent, exige qu'ils soient affranchis des charges et de la gêne de l'Octroi.

Paris étant le plus grand de tous les centres de commerce, d'activité et d'industrie, et le tarif de son octroi étant plus elevé que partout ailleurs, sa banlieue s'est couverte d'une multitude d'établissements de cette nature, dans lesquels se trouve engagée une masse énorme de capitaux et qui contribuent puissamment à la prospérité du pays.

En reculant les limites de l'octroi on les frapperait de mort. Les bâtiments et le sol y perdraient toute leur valeur; la population des lieux atteints par cette calamité se déplacerait et irait chercher au dehors de la nouvelle circonscription des moyens d'existence analogues à ses habitudes et aux diverses professions qu'elle exerce; en sorte que les propriétaires seraient complètement ruinés.

Si jamais le gouvernement songeait à reculer les limites de l'octroi de Paris, il ne pourrait le faire par ordonnance : l'intervention d'une loi serait indispensable. En effet, le département de la Seine est divisé en trois arrondissements administratifs, Paris, Saint-Denis et Sceaux : Les arrondissements de Saint-Denis et de Sceaux comprennent tout ce qui est en dehors des murs actuels de Paris. Le territoire de la ville de Paris ne peut donc être aggrandi que par une loi ; car il est de principe que, si une ordonnance suffit pour changer la circonscription d'une commune ou d'un canton, il n'appartient qu'au pouvoir législatif de changer celle d'un département ou d'un arrondissement. Il résulte de là que, lorsqu'une ville constitue à elle seule un arrondissement administratif, il faut une loi pour que son territoire puisse être étendu aux dépens des arrondissements limitrophes. Le territoire de Paris ne pouvant recevoir d'extension qu'en vertu d'un vote législatif, son octroi ne peut en recevoir non plus que dans la même forme; car l'octroi établi en faveur d'une commune n'est susceptible d'être perçu que dans la circonscription de cette commune. C'est ce qui résulte des articles 147 et 148 de la loi du 28 avril 1816. Seulement l'article 152 de la même loi permet *d'établir des perceptions dans les banlieues autour des grandes villes, afin de restreindre la fraude;* mais cet article ajoute que *les recettes appartiendront toujours aux communes dont elles seront composées.*

Si donc le gouvernement voulait reculer les limites de l'Octroi jusqu'à l'enceinte des fortifications projetées, il faudrait qu'il obtînt une loi portant réunion à la ville et à l'arrondissement administratif de Paris des terrains compris entre les murs actuels et les fortifications.

Dans le cas où une telle loi viendrait à être proposée, il nous paraîtrait impossible qu'elle fût accueillie par les Chambres. Quel pourrait être en effet le motif d'une pareille proposition ? Il serait impossible d'en alléguer un autre que l'intention d'augmenter les revenus de la ville de Paris.

Mais d'abord il est fort douteux que cette mesure atteignît son but. Comme nous l'avons déjà dit, la population de la ceinture comprise entre les anciennes et les nouvelles limites de l'Octroi se porterait presque tout entière en dehors de ces nouvelles limites ; en sorte que la consommation intérieure de la capitale resterait à peu près la même, et qu'on ferait un mal immense aux propriétaires des immeubles placés dans cette ceinture, sans procurer aucun avantage à Paris.

En second lieu, l'accroissement des revenus de l'Octroi de Paris n'est pas un résultat désirable. Cette ville est assez riche : on peut en juger par les travaux qu'elle exécute. Si son Octroi venait à frapper sur une plus grande masse de denrées, il en résulterait un préjudice évident, tant pour les producteurs que pour les consommateurs. Ainsi, indépendamment de l'énorme dépréciation que subiraient les propriétés placées entre les anciennes et les nouvelles barrières de l'Octroi, il y aurait un dommage plus général, qui atteindrait d'autres contrées et d'autres intérêts.

La mesure qui forme l'objet de cette discussion serait donc à la fois inique, déraisonnable et désastreuse.

Mais il est peut-être vrai de dire que c'est son absurdité même qui tend à perpétuer l'inconvénient que nous signalons ici. Le gouvernement ne la proposera jamais, parce qu'elle n'a rien de plausible ; elle ne pourra donc être frappée de la réprobation qui résulte d'un vote de rejet ; et par conséquent elle demeurera suspendue, comme une sorte de menace incessante, sur les propriétés situées entre l'enceinte de l'Octroi et celle des fortifications ; ce qui atténuera sensiblement la valeur locative et surtout la valeur vénale de ces propriétés. Les particuliers qui les possèdent en souffriront beaucoup, et l'État y perdra aussi par la diminution des droits de mutation.

Vainement les esprits sages et judicieux diront-ils que l'extension des limites de l'Octroi est un événement contraire à toutes les probabilités : leur argumentation sera impuissante, les masses ne se rassureront pas, parce que la peur ne sait ni raisonner ni apprécier les raisonnements qu'on lui présente, et qu'il y aura toujours là un objet matériel qui fera impression sur la multitude, savoir : l'enceinte des fortifications toute prête à recevoir les barrières de l'Octroi, à assurer la perception de cet impôt et à rendre inutiles les murs actuels de Paris.

L'unique moyen de remédier à ce mal, est que le pouvoir législatif veuille bien se prononcer dès à présent. S'il ne croit pas pouvoir le faire par une disposition formelle insérée dans la loi, du moins il peut manifester son opinion par l'organe des Commissions. Les propriétaires de la banlieue espèrent donc que les Commissions des deux Chambres déclareront qu'à leur avis les fortifications de Paris ne pourront jamais être un motif ni un prétexte pour changer les circonscriptions administratives et reculer les limites actuelles de l'Octroi. Ces propriétaires désirent en outre que des interpellations, adressées aux ministres, amènent, de la part de ces derniers, des explications précises sur leurs intentions. D'après les communications officielles qui ont déjà eu lieu, on peut se flatter que ces explications seront favorables et rassurantes. Les paroles prononcées du haut de la tribune sont d'un grand poids. Des déclarations nettes et positives de la part des Commissions et des organes du gouvernement suffiront pour faire renaître la confiance et pour rendre aux immeubles dont il s'agit la faveur qu'ils ont momentanément perdue. Ces déclarations formeront d'ailleurs une sorte de précédent législatif dont l'autorité serait imposante, si, par impossible, un projet, tendant à étendre les limites de l'Octroi, venait à être proposé ultérieurement.

§ II.

De l'étendue des zônes des servitudes militaires.

La loi divise les places de guerre en trois classes :
Les places de premier ordre ;
Celles de deuxième ordre ;
Et celles de troisième ordre, ou simples postes militaires [1]

Les dispositions relatives aux servitudes sont les mêmes pour les places de premier et de deuxième ordre.

Voyons en quoi consistent ces servitudes :

Le terrain qui environne les places de premier et de deuxième ordre, jusqu'à la distance de 974 mètres, se divise en trois zônes :

La première zône comprend une étendue de 250 mètres autour de la place. Là, on ne peut bâtir ni construire aucune maison ni clôture de construction quelconque, à l'exception des clôtures à haie sèche ou en planches à claire-voie, sans barre de bois ni maçonnerie.

La deuxième zône enveloppe la première ; elle est comprise entre la distance de 250 mètres et la distance de 487 mètres. Sur le terrain de cette zône, on ne peut bâtir ni reconstruire en maçonnerie ; mais il est permis d'élever des bâtiments et clôtures en bois et en terre, sans y employer de pierres ni de briques, même de chaux ni de plâtre, et avec la condition de les démolir immédiatemnt et d'enlever les décombres et matériaux, sans indemnité, à la première réquisition de l'autorité militaire, dans le cas où la place, déclarée en état de guerre, serait menacée d'hostilité.

La troisième zône enveloppe la deuxième ; elle est comprise entre la distance de 487 mètres et celle de 974 mètres. On peut construire sur le sol de cette zône ; mais on ne peut y faire aucune levée ou chaussée, ni y creuser aucun fossé, sans que leur alignement et leur position aient été concertés avec les officiers du génie. Dans la même étendue, les décombres provenant des bâtisses et autres travaux quelconques ne peuvent être déposés que dans les lieux indiqués par les officiers du génie. Sont exceptés de cette disposition ceux des détriments qui pourraient servir d'engrais aux terres et pour les dépôts desquels les particuliers n'éprouvcront aucune gène, pourvu qu'ils évitent de les entasser. Dans la même étendue, il est défendu d'exécuter aucune opération de topographie sans le consentement de l'autorité militaire, consentement qui ne peut être refusé lorsqu'il ne s'agit que d'opérations relatives à l'arpentage des propriétés.

A plus forte raison, les prohibitions applicables à la troisième zône, le sont-elles aux deux premières.

2° A l'égard des places de troisième classe et des postes militaires, les trois zônes sont déterminées comme il suit :

La première a la même étendue qu'à l'égard des places de première et de deuxième classe, et les prohibitions sont identiques;

La deuxième a aussi la même étendue qu'à l'égard des places de première et de deuxième classe; mais on peut y élever des bâtiments et constructions quelconques. Toutefois, les cas arrivant où la place serait déclarée en état de guerre, les démolitions qui seraient jugées nécessaires dans cette zône, ne donnent lieu à aucune indemnité en faveur des propriétaires.

La troisième zône est comprise entre la distance de 487 mètres et celle de 584 mètres ; les prohibitions y sont les mêmes qu'à l'égard de la troisième zône des places de première et de celles de deuxième classe.

A plus forte raison, ces prohibitions s'étendent-elles à la première et à la deuxième zône.

Tout ce qui précède est établi par les articles 29, 30, 31, 32, et 34 du titre 1ᵉʳ de la loi du 10 juillet 1791 et l'article 4 de la loi du 17 juillet 1819, et se trouve résumé dans les articles 1, 2, 3 et 4 de l'ordonnance du 1ᵉʳ août 1821.

Voilà le régime auquel sont soumis, suivant les distinctions qui viennent d'être indiquées, les terrains situés autour des places fortes.

De quelle manière ce régime devra-t-il être appliqué au sol qui environnera les fortifications de Paris?

Il y a là une grave question d'art militaire, que nous sommes loin d'avoir la ridicule présomption de vouloir résoudre nous-mêmes.

Mais il nous est permis d'emprunter les idées d'un général, dont le nom fait autorité en cette matière. Dans une brochure très remarquable, intitulée : *Fortifications de Paris*, qu'il a publiée en 1834, M. Paixhans s'exprime en ces termes (p. 32 et 33) :

« Pour les servitudes militaires, la législation existante ne permet, « en avant de la fortification des grandes places, aucune construc- « tion ni clôture jusqu'à la distance de 250 mètres, elle ne permet « jusqu'à 487 mètres que des constructions en bois ou en terre, et

« à la charge de les démolir sans indemnité ; enfin jusqu'à 974 mè-
« tres, elle ne permet aucun fossé ni chemin creux sans l'autorisa-
« tion militaire. *De telles servitudes sont évidemment inadmissibles au-*
« *tour de Paris*, et il n'a jamais été dans l'intention du gouvernement
« de les imposer ; mais, le projet de loi qui fut présenté ne fait pas
« mention des servitudes, et la Commission de la Chambre, qui a
« fait un rapport sur ce projet de loi, n'a proposé aucune modifica-
« tion aux prescriptions légales en vigueur. *Cependant la chose est*
« *grave à un tel point, qu'il me paraît indispensable, quand une loi*
« *sur les fortifications de Paris sera faite, qu'elle renferme à cet égard*
« *des dispositions exceptionnelles, sans lesquelles Paris aurait une juste*
« *répugnance à se voir fortifier.* Nous verrons plus loin quelles pour-
« raient être ces dispositions. »

En effet, dans un chapitre subséquent de son ouvrage, M. Paixhans
discute savamment la question (pages 64, 65, 66 et 67) ; puis, se
résumant, il conclut ainsi (pages 68 et 69) :

« Que devant l'enceinte qui environnera les faubourgs, il suffira
« pour la défense de la zône découverte de 100 mètres qui est pres-
« crite pour l'Octroi ;

« Que derrière les ouvrages qui formeront la ceinture lointaine
« en avant de cette enceinte, il suffira également d'une zône décou-
« verte de 100 mètres ;

« Qu'en avant de la ceinture extérieure, c'est-à-dire dans les cam-
« pagnes à une distance, qui sera presque partout celle de Vincennes
« et de Saint-Denis, et où les terrains sont en général sans bâtiments
« et beaucoup moins chers qu'autour de Paris, il sera nécessaire d'ac-
« corder une zône découverte de 250 mètres ;

« *Mais que nulle part la défense n'exigera les servitudes plus éten-*
« *dues que 25o mètres.* »

« Enfin que *ces exceptions aux lois existantes doivent être textuelle-*
« *ment exprimées* dans la loi sur les fortifications de Paris. Et il n'est
« pas à dire que de telles exceptions seraient un privilége en faveur
« de la capitale : elles seraient évidemment une nécessité particu-
« lière dans des vues d'économie : or, l'économie n'intéresse pas la
« capitale seule, elle intéresse la France entière.

Nous comprenons que le plan qui paraît adopté aujourd'hui pour les fortifications de Paris, différant en quelques points de celui que M. Paixhans avait indiqué dans sa brochure, les conclusions de cet honorable général sont susceptibles de certaines modifications. Mais le fond de son opinion nous paraît toujours devoir subsister........ « *Nulle part la défense n'exigera les servitudes plus étendues que* 250 *mètres.* ».... Et en effet les fortifications de la capitale ayant pour objet, plutôt de la préserver d'un coup de main, que de la mettre en état de soutenir un siége parfaitement régulier, on ne saurait assimiler Paris aux autres grandes villes de guerre.

Dans ce système, les servitudes militaires résultant des fortifications de Paris seraient moins étendues que celles qui grèvent les terrains des autres places, non seulement de la première et de la deuxième classe, mais même de la troisième classe, puisque au-delà de 250 mètres, c'est-à-dire de l'étendue de la première zône, il n'y aurait plus de servitudes d'aucune espèce.

Il faut donc que la loi qui va être rendue s'explique à cet égard d'une manière claire et précise; car il s'agit de déroger à la législation existante. Si la loi sur les fortifications de Paris gardait le silence à cet égard, le gouvernement ne pourrait faire autre chose que de ranger cette ville dans une des trois classes de places de guerre reconnues par les lois de 1791 et de 1810; mais alors les servitudes auraient nécessairement toute l'étendue qui appartient à cette classe aux termes du droit commun; et comme, relativement à Paris, cette étendue doit être moindre qu'elle ne l'est, même à l'égard des places de troisième classe, il est indispensable que le pouvoir législatif se prononce pour établir et régler cette spécialité.

Cette raison donnée par M. Paixhans nous semble sans réplique : mais il faut ajouter qu'elle est encore appuyée par d'autres consirations.

Les chambres sont saisies de la question financière. Or, cette question est nécessairement subordonnée à l'étendue du terrain qui sera grevé de servitudes, puisque la portion du crédit destiné à faire face aux indemnités sera plus ou moins considérable, selon que les servitudes affecteront une surface plus ou moins vaste. Le vote financier entraîne d'une manière inévitable la discussion et la décision de tout ce qui concerne la nature et l'étendue des servitudes.

En outre, une masse si énorme d'intérêts se trouve engagée dans cette question, qu'il importe qu'elle soit promptement résolue et qu'elle le soit d'une manière invariable. C'est ce qui aura lieu lorsque la loi aura prononcé. Si cette importante affaire n'était réglée que par ordonnance, une ordonnance postérieure pourrait subitement tout bouleverser. Par exemple, en supposant que d'abord le ministère rangeât Paris dans la troisième classe, il pourrait plus tard le faire passer dans une classe supérieure. Il y aurait donc des propriétés qui se trouveraient placées sous la perpétuelle menace d'un changement de classification, qui pourrait les soumettre à des servitudes dont elles n'auraient pas été grevées d'abord. Une telle incertitude causerait à ces propriétés un dommage dont il importe de les préserver. Sans doute une loi peut aussi être modifiée par une loi postérieure; mais il est certain que le régime réglementaire est infiniment plus mobile que le régime législatif, parce que, là où trois pouvoirs doivent statuer de concert et après une discussion publique, l'examen est plus approfondi et l'entraînement moins à craindre.

Ne serait-ce pas d'ailleurs quelque chose de bizarre qu'une ordonnance qui déclarerait que Paris n'est qu'une place *de troisième classe* ou un *poste fortifié*, Paris, la capitale du royaume et le centre de la civilisation et des richesses nationales, Paris, auquel les destinées de la France semblent attachées, et dont l'occupation fut en 1814 et 1815 un événement décisif! Il n'y aurait dans une telle classification ni vérité ni dignité. En France et à l'étranger, elle serait entachée de ridicule. On sera dans le vrai, en disant que Paris est une place de première classe, mais que cependant les servitudes militaires auront telles limites spéciales.

Nous comprenons que dans les cas ordinaires, une ordonnance suffise, conformément à l'article 1er de la loi du 17 juillet 1819, pour classer les plans de guerre; mais ici il y a des raisons particulières, pour qu'il en soit autrement. Nous dirons même que l'importance seule des travaux suffirait pour motiver la distinction.

En matière de travaux civils, on procède par voie d'ordonnance, lorsqu'il s'agit de routes, de canaux et de chemins de fer, d'embranchement de moins de 20,000 mètres de longueur; mais si l'étendue de ces entreprises est plus considérable, l'intervention d'une loi est nécessaire (1); parcequ'une plus grande masse d'intérêts s'y trouve engagée, et que la dépense est plus considérable. Or, ces considérations s'appliquent évidemment aux fortifications de Paris. Le rôle des Chambres ne peut donc se restreindre dans les étroites limites d'un vote purement financier : il doit consister à embrasser toutes les questions qui peuvent se rattacher, soit aux effets politiques de cette grande mesure, soit à l'influence qu'elle exercera sur les intérêts privés.

§ III.

Des indemnités à allouer aux propriétaires dont les immeubles seront grevés de servitudes militaires.

Des trois objets que nous traitons dans ce mémoire, celui-ci est le plus important.

A notre avis, l'indemnité est due, même d'après les règles du droit strict.

Si elle n'était pas accordée à ce titre, elle devrait du moins l'être d'après les principes de l'équité.

Ces deux propositions vont être successivement établies.

Du droit strict.

Les propriétés sont sous la sauve-garde de la loi : elles sont *inviolables.*

En thèse générale, les droits du propriétaire ne peuvent, sans son consentement, ni passer en d'autres mains, ni recevoir de restrictions quelconques.

Ce principe n'admet qu'une seule exception : le droit du propriétaire fléchit devant l'intérêt général : lorsque des travaux d'utilité publique en réclament le sacrifice, la loi commande ce sacrifice, mais *avec* une *indemnité préalable.*

Le code civil avait reconnu ces maximes (2); mais la charte est

(1) Art. 3 de la loi du 7 juillet 1833.
(2) Art. 545.

venue ics proclamer en termes plus énergiques, et leur donner une sanction plus imposante. Elles font partie du *droit public des Français.* Toute loi, toute mesure qui y porterait atteinte, serait donc entachée du vice d'inconstitutionnalité.

Cependant quelques jurisconsultes ont imaginé une distinction qui, à notre avis, est complètement fausse.

L'indemnité, ont-ils dit, n'est due que lorsque l'état exige la propriété: mais s'il se borne à lui faire subir une modificatinn qui en diminue la valeur, par exemple à la grever d'une *servitude*, il n'est tenu de fournir aucun dédommagement.

Un tel système n'est pas moins condamné par le texte que par l'esprit de la charte.

Nous disons *par le texte* :

En effet, les articles 8 et 9 de ce pacte fondamental sont ainsi conçus :

Art. 8. — « *Toutes les propriétés sont* INVIOLABLES, sans aucune « exception de celles qu'on appelle nationales, la loi ne mettant « aucune différence entre elles. »

Art. 9. — « *L'état peut exiger* LE SACRIFICE *d'une propriété* pour « cause d'intérêt public légalement constaté, mais avec une *indem-* « *nité préalable.* »

Nous demandons s'il est possible de soutenir, en présence de ces dispositions si claires et si précises, que l'État ait la faculté de soumettre un immeuble à une *servitude* quelconque, sans payer au propriétaire la dépréciation résultant de cette *servitude*.

Des propriétés seraient-elles *inviolables,* si l'État pouvait tout-à-coup affecter un immeuble d'une charge nouvelle sans réparer le préjudice causé par cette charge ?

On *viole* le droit de propriété, non seulement lorsqu'on s'empare de la chose d'autrui, mais encore lorsqu'on soumet cette propriété à une restriction ou à une prohibition qui en diminue l'utilité et la valeur. Ainsi, pour que les propriétés aient le caractère d'*inviolabi-* *lité* que leur imprime la Charte, il faut que la seconde de ces deux sortes d'atteintes soit interdite aussi bien que la première. Lorsque l'utilité publique exige le *sacrifice* des droits du propriétaire, le prin -

cipe de l'*inviolabilité* est respecté, parce que le propriétaire reçoit une *indemnité*. La nécessité d'indemniser le propriétaire s'applique donc au cas de restriction ou de *servitude* imposée à l'immeuble aussi bien qu'au cas de cession complète de cet immeuble. Autrement, les propriétés seraient *inviolables* sous un rapport et ne le seraient pas sous un autre; elles le seraient en ce sens que l'État ne pourrait pas se les faire céder sans en payer le prix; mais elles ne le seraient pas, en ce sens que l'État pourrait, sans fournir aucun dédommagement, les grever de charges spéciales qui en atténueraient la valeur. Or, c'est en termes généraux et absolus que l'article 8 les déclare *inviolables*. La doctrine que nous combattons est donc incompatible avec les termes de cet article.

Elle ne l'est pas moins avec ceux de l'article 9.

Les expressions employées par cet article sont remarquables.

.... Le SACRIFICE *d'une propriété*.... Ces mots embrassent tous les cas dans lesquels le droit privé des propriétaires est obligé de s'incliner d'une manière quelconque devant l'*utilité publique*.. On condamne à un *sacrifice,* non seulement le propriétaire qu'on force de céder son immeuble, mais encore celui dont on grève l'immeuble d'une servitude qui en diminue la valeur. La Charte a donc entendu appeler ce dernier, aussi bien que l'autre, à recevoir une indemnité ; si telle n'eût pas été l'intention des rédacteurs de l'article 9, au lieu d'employer le mot *sacrifice* dont le sens est général, il aurait employé le mot *cession,* qui ne se serait appliqué qu'à la transmission complète de la propriété. Cette locution se serait d'autant plus naturellement présentée à l'esprit du législateur, qu'elle se trouvait dans l'article 545 du Code civil.... « Nul ne peut être contraint de CÉDER *sa propriété*, etc........ », porte cet article. Il est évident qu'en employant une expression plus large, la Charte a voulu donner au droit de propriété une plus grande et plus équitable garantie.

Le texte des dispositions qui régissent la matière est donc décisif.

Mais leur esprit ne l'est pas moins.

Pour que la propriété soit protégée par la loi d'une manière efficace et complète, il ne suffit pas qu'on n'ait pas le droit de l'enlever sans dédommagement à celui qui en est investi; il faut en outre qu'on ne puisse pas lui imposer, sans indemnité, des restrictions ou des charges qui en atténueraient la valeur, et pourraient même, dans certain cas, réduire cette valeur presque à rien.

Ne serait-ce pas une subtilité et une dérision indigne de la raison, de la justice et de la majesté du législateur que de dire par exemple à un propriétaire : « Vous avez une pièce de terre de deux hectares, valant 40,000 fr., si l'État exige la cession de la moitié de cette pièce, il sera obligé de vous payer une indemnité de 20,000 fr.; mais, si, au lieu d'exiger la cession d'une portion de votre pièce, il grève le tout d'une servitude qui en réduise la valeur à moitié, il n'aura rien à vous payer ? »

« Quoi! répondrait le propriétaire, est-ce que le préjudice n'est pas le même pour moi dans les deux cas? Est-ce que, dans l'un comme dans l'autre, ce préjudice n'a pas pour cause un *sacrifice* que l'utilité publique exige de moi? Pourquoi donc serais-je indemnisé si l'on me prenait un hectare, et ne le suis-je pas, lorsqu'on réduit mes deux hectares à ne valoir pas plus qu'un seul? Une telle distinction ne saurait satisfaire ni l'esprit ni la conscience.

Cet exemple si simple suffit pour résoudre toutes les questions du même genre.

Du reste, en généralisant un peu plus les idées et en remontant aux principes, on reconnaîtra facilement que la disposition de la Charte qui veut que le propriétaire, dont on exige le *sacrifice* de son bien, soit indemnisé, n'est que le corollaire de l'article 2, aux termes duquel *les Français contribuent indistinctement, dans la proportion de leur fortune, aux charges de l'État.*

La dépense mentionnée par les travaux publics, soit civile, soit militaire, est une *charge de l'État.* Si ces travaux exigent la cession d'une propriété privée, le propriétaire dépossédé doit être indemnisé par le trésor. Autrement ce propriétaire supporterait dans les *charges de l'État* une part proportionnellement plus forte que ses concitoyens; et la règle de l'égalité constitutionnelle serait violée. Au contraire, lorsqu'on accorde à ce propriétaire une indemnité égale à la valeur de l'immeuble qu'il a cédé, cette portion des *charges de l'État* se trouve répartie entre tous les contribuables; et le vœu de l'article 2 de la Charte est rempli.

Il doit en être exactement de même, quand les travaux publics sont de telle nature que pour atteindre le but auquel ils sont destinés, on est obligé de grever des propriétés privées de servitudes qui leur enlèvent une partie de leur valeur.

Dans l'un et l'autre cas, les raisons sont identiques. Si le possesseur de l'immeuble, ainsi grevé de servitude ne recevait pas d'indemnité, il contribuerait aux *charges de l'État* dans une proportion plus forte que les autres citoyens, puisqu'en sus de la quote part qu'il paie comme contribuable dans la dépense occasionnée par les travaux, il perdrait, comme propriétaire, une somme égale à la dépréciation que subirait son bien; en sorte que l'équilibre établi par la Charte se trouverait rompu.

Enfin, il est un principe de droit naturel, qui, dans tous les temps et dans toutes les matières, a constamment été considéré comme ayant force de loi positive c'est que... *nul ne peut s'enrichir aux dépens d'autrui.* Or, quand l'État acquiert un droit de servitude active sur une propriété privée, il *s'enrichit,* puisque, si la loi ne lui accordait pas ce droit, il serait forcé de l'acheter à prix d'argent; et s'il ne payait pas d'indemnité, ce serait *aux dépens d'autrui* qu'il s'enrichirait, car l'immeuble grevé de cette servitude vaut moins qu'il ne valait auparavant.... « Une *servitude* (porte l'article 637 du Code ci- « vil) est une *charge imposée* sur un héritage pour l'*usage* et l'*utilité* « d'un héritage appartenant à autrui,... » Il y a donc *charge* d'un côté, *usage et utilité* de l'autre... De là, dérive nécessairement l'obligation d'indemniser celui que l'État grève d'une servitude; sans quoi la maxime que nous venons de rappeler serait ouvertement transgressée.

La jurisprudence des tribunaux a consacré la doctrine que nous venons d'énoncer.

Quelques citations vont le prouver :

Sur la provocation des propriétaires du chemin de fer de St-Etienne à Lyon, un arrêté administratif avait interdit l'exploitation de la mine de houille de Couzon, à une certaine distance d'une partie souterraine de ce chemin de fer. C'était là incontestablement une *servitude* imposée aux propriétaires de la mine. La Cour de cassation a jugé, par arrêt du 18 juillet 1837, que cette restriction du droit de propriété devait donner lieu à indemnité :

« Attendu que tout propriétaire a droit à une juste indemnité, *« non seulement lorsqu'il est obligé de subir l'éviction entière et absolue « de sa propriété, mais encore lorsqu'il est privé de sa jouissance et de « ses produits pour cause d'utilité publique (1).* »

La même Cour a jugé, par arrêt du 23 novembre 1836, que, lorsque les travaux nécessaires pour rendre une rivière navigable diminueraient la force motrice d'une usine, il était dû une indemnité au propriétaire de cette usine. On lit dans l'arrêt ces mots remarquables .... que .... : « Une expropriation totale *ou même détérioration « partielle de la propriété* NE PEUT PAS SE CONCEVOIR SANS INDEMNITÉ (2). »

Plus récemment encore, la Cour régulatrice a eu à se prononcer sur la question de savoir s'il y avait lieu à indemnité en faveur d'un propriétaire, dont l'exhaussement d'une rue rendait la maison plus incommode ou moins salubre : et elle l'a résolue affirmativement par un motif qui semble avoir été fait pour la discussion actuelle......

« Attendu que la jouissance est une portion essentielle de la pro« priété; que *la modification ou l'altération permanente et perpétuelle « de la jouissance modifie ou altère évidemment la propriété : — d'où « résulte le droit du propriétaire à une indemnité,* COMME S'IL SUBISSAIT « UNE EXPROPRIATION RÉELLE D'UNE PARTIE DU SOL; NUL SACRIFICE « DE LA PROPRIÉTÉ A L'INTÉRET PUBLIC NE DEVANT ETRE « GRATUIT SANS LE CONSENTEMENT DU PROPRIÉTAIRE. » (Arrêt du 30 avril 1838. — Dalloz, 1838 pages 203 et suivantes.)

D'après cette doctrine des tribunaux, qui n'est que l'exacte application de la charte, peut-on douter que lorsqu'une ville qui n'était pas place de guerre, vient à être déclarée telle, les servitudes créées par ce nouvel état de choses ne doivent donner lieu à une indemnité en faveur du proriétaire des immeubles auxquels elles s'appliquent ? Est-ce qu'il n'y a pas là, comme l'a dit la cour de cassation, une *modification ou altération permanente et perpétuelle de la jouissance?* Auparavant je pouvais bâtir, et désormais je ne le pourrai plus; il me

(1) Dalloz, 1837; p. 441 et suivantes.
(2) Dalloz, 1837; p. 14 et 15.

sera même interdit de reconstruire ma maison, si elle vient à s'écrouler. Je serai dans l'impossibilité de me clore! S'il existe au monde une *altération permanente et perpétuelle* de la jouissance et des droits du propriétaire, assurément c'est celle-là.

Nous comprenons bien que les demandes d'indemnité fondées sur le simple inconvénient du voisinage, ne soient pas accueillies. Ainsi on pourrait soutenir que le propriétaire qui réclamerait un dédommagement à cause de la proximité d'un magasin à poudre, ne devrait pas obtenir gain de cause, du moins selon les règles du droit strict.

Mais pour les propriétaires qui sont dans la zône des servitudes militaires, et surtout dans la première de ces zônes, il y a plus qu'un inconvénient de voisinage: la propriété est frappée d'interdit; une partie de son utilité disparaît: et autour d'une capitale, où les terrains propres à bâtir ontune énorme valeur, cette partie est la plus importante. Il est telle propriété à laquelle l'interdiction de construire, de reconstruire et de se clore fait perdre plus des cinq sixièmes de son prix.

Cette distinction entre les inconvénients du voisinage et le dommage réel causé à la propriété, est très nettement exprimée dans une décision du conseil-d'État, en date du 18 février 1836. Il s'agissait de savoir si le propriétaire d'un château voisin du polygone de Toulouse avait droit de réclamer une indemnité. Le propriétaire, sans alléguer aucun dommage appréciable, fondait uniquement sa réclamation sur le danger que pouvait entraîner le tir. Sa demande fut rejetée en ces termes:

« Considérant que la réclamation de l'exposant ne repose que sur « la crainte d'un danger; *qu'il n'a allégué aucun préjudice, provenant* « *d'un dommage réellement éprouvé par lui;* et qu'ainsi le ministre « de la guerre a dû, par la décision du 1er avril 1825, repousser la « demande en indemnité. »

N'est-il pas évident que, si le propriétaire de ce château avait *allégué* et prouvé *un préjudice provenant d'un dommage réellement éprouvé*, par exemple d'une interdiction de bâtir, la décision aurait été tout-à-fait opposée.

3

Lorsqu'une ville est depuis longues années classée parmi les places de guerre, les propriétaires grevés des servitudes n'ont pas d'indemnité à réclamer, puisqu'ils ont constamment possédé ou qu'ils ont acquis, sous l'affectation de ces servitudes.

Mais quand une ville ouverte vient à être convertie en place de guerre, les servitudes qui en résulteraient doivent entraîner une indemnité, parcequ'elles dénaturent les propriétés sur lesquelles elles s'impriment.

La législation sur les chemins de hallage nous offre une analogie frappante. L'obligation imposée par la loi de fournir ce chemin est qualifiée *servitude* (C. C. art. 650). Les propriétaires dont les héritages sont situés le long d'une rivière qui de tout temps a été navigable, ne peuvent réclamer d'indemnité à raison de cette servitude : mais si une rivière qui n'était pas navigable vient à être déclarée telle, il est dû une indemnité aux riverains. C'est ce que décide l'art. 3 du décret du 22 janvier 1848, ainsi conçu :

« Il sera payé aux riverains des fleuves ou rivières où la navigation
« n'existait pas, et où elle s'établira, une indemnité proportionnée au
« dommage qu'ils éprouveront. »

En matière de manufactures incommodes et insalubres, la jurisprudence a établi des règles semblables. Il n'appartient qu'à l'autorité administrative de permettre l'établissement de ces manufactures : mais quoiqu'elles aient été légalement autorisées, les voisins n'en ont pas moins une action en indemnité contre les individus qui les exploitent, non seulement pour les pertes actuelles qu'ils éprouvent, mais encore pour la dépréciation causée à leur propriété (1).

Ainsi on rencontre partout l'application de ce principe salutaire, qu'un *sacrifice* quelconque imposé à la propriété, soit en faveur de l'Etat, soit en faveur de l'industrie, doit trouver sa compensation dans une indemnité égale au préjudice.

Pourquoi en serait-il autrement en matière de servitudes militaires ?

Est-ce que la législation spéciale de la matière a dérogé au droit commun ?

______

(1) Voir, entre autres, deux arrêts de la Cour de cassation, du 8 mai 1827. — Dalloz, 1827 ; p. 228 et suivantes.

Non : elle ne s'explique pas sur l'indemnité à laquelle peuvent donner lieu les servitudes, et par conséquent elle laisse la question sous l'empire des articles 8 et 9 de la charte.

Parcourons rapidement cette législation.

La loi du 10 juillet 1791 serait sans influence sur la solution de la difficulté, lors même qu'elle aurait refusé une indemnité aux propriétés atteintes par les servitudes militaires, car elle est antérieure à la charte, qui par conséquent aurait abrogé une telle disposition, si elle se fût trouvée dans cette loi (voir l'art. 59 de la charte).

Mais c'est là une supposition tout-à-fait superflue ; car la loi de 1791 ne contient rien qui soit relatif à la question ; il était même inutile que le législateur s'en occupât. En effet, d'après les articles 2 et 4 du titre Ier de cette loi, *nulle construction nouvelle de places de guerre ne peut avoir lieu que d'après l'avis d'un conseil de guerre confirmé par un décret du Corps Législatif, sanctionné par le Roi.* Ainsi, puisqu'il fallait une loi pour créer de *nouvelles* places de guerre, la loi du 10 juillet 1791 n'avait pas besoin de régler les indemnités auxquelles donnerait lieu cette création ; elle pouvait laisser à la législature qui rendrait la loi spéciale, le soin de statuer sur cet objet.

Quant aux plans existant au moment de la promulgation de la loi de 1791, cette loi ne changeait rien, sous le rapport des servitudes, à l'état antérieur des choses. Elle ne faisait que reproduire les prohibitions contenues dans les trois derniers paragraphes de l'ordonnance du 9 décembre 1713 et dans les articles 27 et 28 du titre V de l'ordonnance du 31 décembre 1776.

La seule disposition qui soit à noter dans la loi de 1791 est celle de l'article 33 du titre Ier, aux termes duquel le propriétaire d'une maison dont la démolition vient à être ordonnée, a droit à indemnité... *Si cette maison, lors de sa construction, était éloignée de la crête des parapets des chemins couverts les plus avancés, de la distance prescrite par les ordonnances....* On trouve là une application de ce principe de justice et de non-rétroactivité que nous invoquons aujourd'hui.

La loi du 17 juillet 1819 ne contient rien de précis sur l'indemnité à laquelle peuvent donner lieu les servitudes imposées aux propriétés privées par l'effet de la création d'une place de guerre. Néanmoins les termes de cette loi sont tels qu'il est évident qu'elle se réfère au droit commun. Elle porte (article 1er) :

« Lorsque le Roi aura ordonné, soit des constructions nouvelles
« de places de guerre ou postes militaires, soit la suppression ou
« démolition de ceux actuellement existants, soit des changements
« dans le classement ou dans l'étendue desdites places ou postes, *les*
« *effets qui résulteraient de ces mesures dans l'application des servi-*
« *tudes imposées à la propriété en faveur de la défense, par la loi du*
« *10 juillet* 1791, ne pourront avoir lieu qu'en vertu d'une ordon-
« nance du Roi, publiée dans les communes intéressées, et *d'après*
« *les formes prescrites par la loi du* 8 *mars* 1810. »

Ainsi, la loi de 1819 parle *des effets qui résulteraient de ces me-sures dans l'application des servitudes*, sans expliquer quels seront *ces effets;* elle s'en réfère donc aux règles générales ; et comme, d'après la Charte, l'un de ces *effets* est de donner lieu à une indemnité, il est impossible de soutenir que la loi de 1819 refuse cette indemnité.

Ainsi, quand même la Charte serait une loi ordinaire, à laquelle une loi postérieure pourrait déroger, il serait impossible de voir une telle dérogation dans la loi de 1819.

A plus forte raison doit-on le décider ainsi, lorsqu'on considère qu'il s'agit de la loi fondamentale de l'État, à laquelle aucun autre acte du pouvoir législatif ne saurait déroger.

La loi de 1819 veut qu'il soit procédé *dans les formes prescrites par la loi du* 8 *mars* 1810 (aujourd'hui remplacée par celle du 7 juillet 1833); elle entend donc que les intérêts privés jouiront de toutes les garanties accordées par la législation ordinaire en matière de sa-crifices imposés à la propriété pour cause d'utilité publique.

Objectera-t-on que la loi de 1819, par son article 15, prévoit di-vers cas où il est dû une indemnité, et que la dépréciation résultant des servitudes n'est pas de ce nombre?

Mais énoncer certaines causes d'indemnité, ce n'est pas exclure les autres. La loi de 1819 n'aurait pu exclure celle dont il s'agit, sans contrevenir à la charte ; et les auteurs de cette loi ont si peu eu l'in-tention d'y contrevenir, que l'article 15, après avoir spécifié plusieurs cas dans lesquels une indemnité est due, a ajouté ces mots . . *con-*

formément à l'article 10 (1) *de la charte constitutionnelle* . . . Le vœu du législateur a donc été de se conformer religieusement à la charte, qui par conséquent doit servir de règle aussi bien dans les cas non prévus, que dans les cas prévus par la loi de 1819.

En matière de manufactures incommodes et insalubres, on argumentait aussi de ce que le décret du 15 octobre 1810 avait prévu un cas d'indemnité et avait gardé le silence sur les autres. L'article 11 de ce décret, disait-on, soumet à une indemnité les manufactures, existant antérieurement à sa promulgation, qui préjudicient aux propriétés de leurs voisins; donc celles, qui ont été établies postérieurement à ce décret et suivant les formes qu'il trace, en sont exemptes. Le mauvais argument a été écarté par la jurisprudence. Celui auquel nous répondons ici ne vaut pas mieux.

Tous les raisonnements que nous avons faits relativement à la loi du 17 juillet 1819 s'appliquent à celle du 30 mars 1831. Cette loi garde le silence sur l'indemnité due à raison des servitudes imposées aux immeubles situées autour des places fortes; et ainsi elle n'a pas entendu priver les propriétaires de ces immeubles des droits résultant de la charte, ce qui d'ailleurs eût été au-dessus de la puissance de cette loi.

Nous savons que quelques auteurs, entre autres M. le président Favard, ont émis une opinion contraire; mais on va voir que, contre sa coutume, ce savant magistrat s'est fondé sur des raisons qui n'ont rien de solide, et que probablement, s'il vivait encore, l'état actuel de la jurisprudence le ramènerait à un avis opposé.

« Les lois, dit-il, qualifient *de servitudes imposées à la propriété.*»
1° . . . .
2° . . . .
3° « La défense de changer la face du terrain et d'élever des cons-
« tructions ou de ne les élever que sous des conditions imposées par
« le gouvernement, dans un rayon déterminé autour des places de
« guerre et postes militaires (voyez la loi du 10 juillet 1791, etc.
« *ces servitudes sont de véritables modifications imposées à la propriété,*
« *faites pour l'intérêt public; elles privent les propriétaires d'user de*

(1) L'article 10 de la charte de 1814 était conforme à l'article 9 de celle de 1830.

« *leurs héritages comme bon leur semble, et, sous ce rapport, consti-*
« *tuent une espèce d'expropriation, pour cause d'utilité publique ;*
« *mais ce genre d'expropriation ne donne lieu à aucune indemnité.* » (1)

N'est-il pas évident que cet avis contient sa propre réfutation ? Quoi ! les propriétaires *sont privés de l'usage de leurs héritages*, leur droit subit une telle *modification*, que M. Favard lui-même n'hésite pas à y reconnaître *une espèce d'expropriation* ; et pourtant il ne leur est dû aucune indemnité ! Que deviennent donc les articles 8 et 9 de la charte ? — Si M. Favard avait écrit postérieurement aux arrêts que nous avons cités plus haut, il nous paraît indubitable qu'il aurait adopté une tout autre décision.

Aussi M. Delalleau, qui a publié depuis peu de temps un ouvrage fort estimé, professe-t-il une opinion opposée à celle de M. Favard (tome 1er n° 46).

Ainsi, même dans la rigueur du droit, on ne saurait refuser une indemnité aux propriétaires dont les héritages se trouveront compris dans la zône des fortifications de Paris. Ils obtiendraient cette indemnité par les voies judiciaires, si elle était contestée. Il faut donc que les Chambres votent des fonds pour faire face à cette indemnité.

De l'Équité.

En admettant (et l'hypothèse est bien gratuite) que les raisonnements qui précèdent ne fussent pas suffisants pour démontrer qu'en droit strict, les servitudes militaires qui vont être établies doivent donner lieu à une indemnité, du moins est-il incontestable que ces raisonnements militeraient comme considérations d'équité en faveur des habitants de la banlieue.

Sans les reproduire sous ce nouvel aspect, nous y ajouterons les réflexions suivantes.

De toutes les demandes d'indemnité fondées sur des travaux publics, il n'y en a pas qui soient plus favorables que celles qui se sont formées à l'occasion des travaux de fortification. Le génie civil féconde les lieux dans lesquels il porte la main. Un canal, une route, un

(1) Répertoire de M. Favard, au mot *expropriation forcée pour cause d'utilité publique*, n° 17.

chemin de fer vivifient le pays qu'ils traversent, et s'il en résulte quelques inconvénients pour les riverains, ceux-ci trouvent une large compensation de ces inconvénients dans les avantages qu'ils en retirent. Il en est tout autrement de la fortification d'une ville. Il ne peut en résulter que du dommage pour les immeubles voisins de cette ville. A part le sentiment national, qui ne saurait entrer en considération lorsqu'il s'agit d'indemnité, il n'est aucun propriétaire de la banlieue pour lequel les fortifications de Paris ne soient un événement fâcheux. Ceux même dont les immeubles seront en dehors de la zône des servitudes, en ressentiront les effets d'une manière nuisible. Par exemple, les maisons de campagne se vendront et se loueront moins avantageusement, parcequ'en cas de siége, elles seraient exposées à une ruine complète, et que la vie de leurs habitants serait menacée. Une indemnité allouée à raison des servitudes n'offrira donc qu'un dédommagement imparfait à ceux qui la recevront.

Ce n'est pas pour l'intérêt local de Paris et encore moins pour l'intérêt de la banlieue que les remparts de cette grande ville vont s'élever : c'est pour l'intérêt de la France entière, dont cette mesure doit assurer l'indépendance. Il faut donc que ce soit toute la nation qui en fasse les frais. Il serait indigne de la grandeur et de la loyauté de la France de dire aux habitants de la banlieue : Je vais acquérir gratuitement sur vos propriétés des servitudes actives, qui en réduiront la valeur au quart ou au cinquième; en sorte que vous supporterez une part énorme du fardeau. Un tel langage ne serait pas tolérable, et nous pensons que personne ne se présentera à la tribune pour le tenir.

Dans le système contraire à celui que nous défendons, il y aurait une inégalité monstrueuse entre les diverses propriétés de la banlieue. Celles qui seraient enfermées dans l'enceinte des fortifications ne perdraient rien, sauf la défaveur qui pourrait résulter de la crainte d'un siége et de l'extension (d'ailleurs si improbable) de la limite actuelle de l'octroi. Il en serait de même des propriétés situées à l'extérieur, au-delà de la zône des servitudes. Les propriétaires de l'emplacement occupé par les fortifications seraient expropriés, mais ils n'auraient pas à se plaindre, puisqu'ils recevraient une indemnité intégrale. Les propriétaires des héritages grevés de servitudes seraient seuls sacrifiés. Serait-ce là de l'équité? L'équité ne consiste-t-elle pas surtout dans l'égalité parfaite que la loi doit établir entre les citoyens quant à leurs droits et à leurs charges?

Il s'agit ici d'un acte que la France doit accomplir avec calme, avec dignité, et en respectant tous les intérêts légitimes; c'est ainsi qu'elle montrera à l'Europe qu'elle procède comme une grande nation qui veut maintenir ses droits et son rang, et non comme un peuple entraîné par cette fougue inconsidérée, qui pour atteindre son but, foule aux pieds tout ce qu'elle rencontre. Que Paris soit préservé de l'invasion étrangère, sans qu'il en coûte de regrets à une seule famille française; car il y a quelque chose de plus inexpugnable que les forteresses: c'est l'attachement des peuples à leurs institutions: mais pour que cet attachement soit puissant et durable, il faut qu'il ait pour base la conviction que ces institutions protègent indistinctement tous ceux qui y sont soumis et assurent toujours le triomphe de l'équité.

De VATIMESNIL,
Avocat à la Cour royale de Paris.

RIANT,
POSSOZ,
SOMMIER,
LEJEMPTEL,
LIBERT,
BRONZAC, } Membres du Conseil-général de la Seine.

MORÈRE, Membre du Conseil de l'arrondissement de Sceaux.
PICARD aîné, Propriétaire, à Ivry.
FOURNIER, Notaire, à La Chapelle.

Imprimerie de J. DELACOUR, rue de Sèvres, 94, à Vaugirard.

IMPRIMERIE DE J. DELACOUR,
Rue de Sèvres, 94,
A VAUGIRARD.